📖 주제

· 가족   · 유대감   · 사랑   · 대화

📖 활용 학년 및 교과 연계

초등 과정	2-1 통합	여름2 > 1. 이런 집 저런 집
	3학년 도덕	3. 사랑이 가득한 우리 집
	4-2 사회	1. 촌락과 도시의 생활 모습
		3. 사회 변화와 문화의 다양성
		4. 가족의 형태와 역할 변화
	6학년 실과	1. 건강한 우리 가족

우리 집에 다른 가족이 살아요

초등 첫 인문철학왕 15
우리 집에 다른 가족이 살아요

글쓴이 박선애 | **그린이** 서정선 | **해설** 강재린
기획편집 이정희 | **편집** 김민애 박주원
디자인 문지현 김수인 | **생각 실험 디자인** 이유리

펴낸이 이경민 | **펴낸곳** ㈜동아엠앤비
출판등록 2014년 3월 28일(제25100-2014-000025호)
주소 (03972) 서울특별시 마포구 월드컵북로22길 21, 2층
전화 (편집) 02-392-6901 (마케팅) 02-392-6900 | **팩스** 02-392-6902
홈페이지 www.moongchibooks.com | Ch 뭉치북스 Instagram 뭉치북스

※ 잘못된 책은 구입한 곳에서 바꿔 드립니다.
※ 이 책에 실린 사진은 셔터스톡, 위키피디아, 게티이미지뱅크(코리아)에서 제공받았습니다. 그 밖의 제공처는 별도 표기했습니다.

도서출판 뭉치는 ㈜동아엠앤비의 어린이 출판 브랜드로, 아이들의 지식을 단단하게 만들어 주고,
아이들의 창의력과 사고력을 키워 주어 우리 자녀들이 융합형 사고뭉치와 창의뭉치로
성장할 수 있도록 좋은 책을 만들겠습니다.

초등 첫 인문철학왕 가족

한국 철학교육 학회 추천도서

우리 집에 다른 가족이 살아요

글쓴이 **박선애** 그린이 **서정선** 해설 **한국 철학교육연구원 강재린**

어떤 사람까지 가족이라 할 수 있을까?

동아엠앤비 몽치

'질문'의 힘! '생각'의 힘!
'미래 인재'로 가는 힘!

어린이와 학부모님들께 《초등 첫 인문철학왕》을 추천할 수 있어서 매우 기쁩니다. 어린이들이 이 시리즈를 통해 '나'에 대해, 나와 공동체 사이의 소통에 대해, 세상의 이치와 진리에 대해 마음껏 질문하고 생각하기를 바라기 때문입니다. 그렇게 되면 창의적으로 문제를 해결하는 힘 또한 커질 수 있다고 믿기 때문이지요.

'제4차 산업혁명의 시대'라는 말처럼 우리는 모든 것이 혁신적으로 변화하는 시대에 살고 있습니다. 스마트폰, 인공 지능, 첨단 로봇 등 새로운 기술과 지식이 나오는 속도도 이전과 비교할 수 없을 정도로 빨라졌지요. 세상에 넘쳐나는 지식과 정보는 이제 누구나 쉽게 구할 수 있고, 개인의 두뇌에 담아낼 수 있는 용량을 넘어선 지 오래입니다. 결국 이 시대의 아이들에게 필요한 것은 지식보다는 그 지식을 다루는 지혜와 창의성 아닐까요?

7차 교육과정 개정 이후 학교 교육도 이러한 시대 흐름에 맞추어 미래 사회가 요구하는 인문학적 상상력과 과학기술 창조력을 두루 갖춘 창의융합형 인재를 양성하는 것을 목표로 합니다.

'철학'은 '지혜를 사랑하는'이란 뜻을 가진 말입니다. 이 학문은 여러분처럼 모든 것에 호기심 많았던 철학자들로부터 시작됩니다. 아주 오래전부터 인간, 사회, 자연, 우주, 진리 등 다양한 분야에서 다른 사람들보다 더 깊이, 더 많이, 그리고 아주 끈질기게 했던 수많은 질문과 탐구를 하며 만들어졌습니다.

마치 높은 곳에 올라가면 마을 전체를 내려다볼 수 있는 넓은 시야를 얻게 되듯이, 철학을 한다는 것은 하나의 문제를 더 큰 눈으로 볼 수 있게 되는 것이랍니다. 그러면 어떤 점이 좋을까요? 더 넓게 보는 눈, 더 깊이 있게 보는 눈, 다른 사람들이 생각하지 못한 부분들을 상상하고 찾아낼 수 있는 눈이 생깁니다. 또 우리 앞의 문제들을 자신만의 창의적인 방법으로 해결할 수도 있고, 그 문제를 해결하다가 다른 더 큰 문제를 발견하여 미리 처리할 수도 있습니다.

《초등 첫 인문철학왕》은 바로 그러한 생각의 눈을 아주 활짝 열어 줄 것입니다. 주제와 관련된 재미있는 동화, 이와 연결된 깊이 있는 인문 해설과 철학 특강, 창의·탐구 활동 등으로 구성된 시리즈는 아이들이 세상에 넘쳐 나는 지식을 지혜롭게 다루는 힘을 길러서, 문제해결력을 갖춘 창의적 인재로 성장할 수 있게 해 줄 것입니다.

그러니 이 책을 읽으며 여러 분야에서 떠오르는 호기심과 질문들을 혼자만 가지고 있지 말고 친구, 가족과도 나누어 보시길 바랍니다. 모두가 질문하고 생각하는 힘이 생긴다면, 어려운 문제들을 함께 해결해 나가는 공동체를 만들 수 있겠지요?

이 책을 읽는 여러분들 모두, 그런 멋진 공동체를 하나둘 만들어 나가는 지혜로운 미래 인재가 되기를 기대합니다.

이지애 드림
(이화여대 철학과 부교수, 한국 철학교육 학회 회장)

초등 첫 인문철학왕
이렇게 활용하세요!

생각 실험

생각 실험은 어떤 사실을 알기 위해 여러 가지 실험과 사례를 연구하는 것이에요. 철학이나 자연 과학 분야 등에서 널리 사용되는 방법이에요. 권마다 주제에 관련된 실험, 유명한 인물의 사례 등을 읽으며 상상력과 문제 해결력을 키워 보세요.

만화 & 동화

40권의 인문 철학 주제별로 아이들의 생활 세계 속 이야기, 패러디 동화 등이 다양하게 펼쳐져요. 처음과 중간은 만화, 본문은 그림 동화로 되어 있어서, 재미난 이야기에 푹 빠질 수 있어요.

인문철학왕되기

오랫동안 어린이들과 함께 철학 수업을 연구하고 진행해 온 한국 철학교육연구원 소속 교수와 연구진들이 집필했어요.

소쌤의 철학 특강, 인문 특강, 창의 특강으로 구성되었어요. 주제와 이야기 안에 숨겨진 철학적 문제들에 대해 함께 답을 찾아갈 수 있도록 깊이 있는 토론과 특강, 그리고 재미 있는 활동으로 구성되었어요.

난 질문하는 **소크라테스**!
문제를 해결할 수 있도록 도와주지!

난 늘 창의적인 **새롬**이!

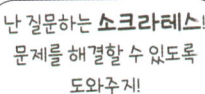

난 **둘치**. 같이 생각하고 토론하지!

난 생각이 깊은 **지혜**!

교과 연계

각 권마다 최신 개정 교과서 단원과 연계되어 교과 학습에 도움이 되도록 구성되었어요. 권별로 확인하세요.

이 책의 차례

추천사 ······ 4
구성과 활용 ······ 6

생각 실험 핏줄로 이어진 가족만 진짜 가족일까요? ······ 10

만화 동화 속 가족 이야기 ······ 20

우리 집에 다른 사람들이 살아요 ······ 22
- 인문철학왕되기1 나의 가족은 누구일까?
- 소쌤의 인문 특강 어디까지 가족이라 할 수 있을까?

또 다른 가족 ······ 46
- 인문철학왕되기2 가족과 식구는 같을까, 다를까?
- 소쌤의 철학 특강 들뢰즈가 말하는 가족 이야기

| 만화 | **어느 아버지의 이야기** ———————— 66

다시 집으로 ———————— 74
- 인문철학왕되기3 가족 없이도 잘 지낼 수 있을까?
- 소쌤의 창의 특강 가족은 언제 필요할까?

마음 열기 ———————— 96
- 인문철학왕되기4 만일 나라면?
- 쓰기활동 마음 전하기

생각실험

핏줄로 이어진 가족만 진짜 가족일까요?

예전에는 가족을 혼인한 부부와 핏줄로 이어진 자식이라고 생각했어요. **하지만 오늘날에는 가족의 모습이 많이 달라지고 있어요.**

입양 가족, 한 부모 가족, 재혼 가족, 다문화 가족 등
한 가정을 이루는 그 성원들이 다양해졌어요.

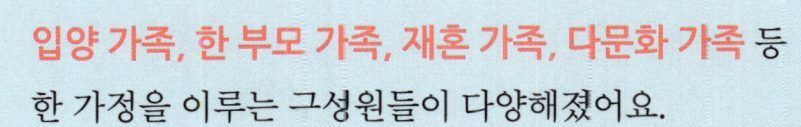

무려 36명의 아이들을 입양해 대가족을 이룬 부부가 있습니다. 입이 떡 벌어지게 많은 수의 아이를 키우고 있는 부부는 바로 미국 캘리포니아에 살고 있는 **앤 실콕과 짐 실콕 부부**입니다.

실콕 가족의 상당수는 중증 장애를 가진 남자아이들이라고 해요. 장애를 가진 아이들을 돌보기는 쉽지 않습니다. 생활비도 많이 들지요. 그래서 입양 제도가 잘 되어 있는 미국에서도, **나이가 어느 정도 되는 장애 아동의 입양률은 매우 낮다고** 합니다.

앤은 왜 많은 수의 아이들을 입양했냐는
사람들의 질문에 이렇게 답했어요.

"저는 어렸을 때 고아들의 이야기를 담은
〈올리버〉라는 영화를 보고, 나중에 고아들을 입양해
엄마가 되겠다고 결심했어요.
단지 돌봐 주는 것이 아니라
그 아이들의 엄마가 되고,
아이들에게 형제를 만들어 주고 싶었어요.
아이들에게 정서적 안정과
성장이 중요하니까요."

실콕 가족의 아이들은 여느 다른 집의 아이들과
다르지 않습니다. 형제들과 싸우기도 하고
때로는 도움을 주면서
가족끼리의 유대감을 쌓아 갑니다.

우리나라는 여전히 입양에 대한
편견의 시선이 존재합니다.
'입양 가족'은 문제가 있을 것처럼 생각하기도 합니다.
그러나 실콕 가족처럼 입양 가정에서
더 충만한 사랑을 받는 경우도 있어요.

핏줄로 이어진 부모, 자식이 아니어도 사랑하며 같이 산다면 가족이지 뭐.

옳소! 입양해서 아이를 키우는 게 쉽지는 않겠지만 나도 어른이 되면 해 보고 싶어.

여러분은 입양 가족에 대해
어떻게 생각하나요?
또 어른이 되었을 때 실콕 부부처럼
고아나 장애가 있는 아이를 입양해서
키울 수 있을까요?

우리 집에 다른 사람들이 살아요

"김! 밥 먹으래."

재영이가 식탁에 앉으며 현지 방을 향해 소리쳤어요. 아홉 살 재영이는 언니 현지를 이렇게 성으로만 불러요.

"김밥? 그럼 넌 박밥."

현지가 방에서 나오면서 장난기 가득한 얼굴로 받아쳤어요. 2학년인 재영이는 박 씨, 4학년인 언니 현지는 김 씨예요. 네, 맞아요. **재영이 아빠와 현지 엄마가 재혼을 해서 이루어진 가족이거든요.**

"재영이 이 녀석, 아직도 언

니를 그렇게 불러? 한 번만 더 그러면 혼날 줄 알아."

아빠가 굳은 표정으로 재영이를 나무랐어요.

"이제 같이 산 지 겨우 6개월이에요. 차차 부르게 될 테니 재촉하지 마세요."

새엄마가 재영이 편을 들어주지만 재영이는 별로 고맙지 않았어요. 왜냐면 새엄마니까요. 재영이가 예전에 읽었던 동화 『신데렐라』와 『콩쥐팥쥐』에서도 새엄마는 나쁜 사람이었어요. 아빠가 있을 때는 착한 척하지요. 그뿐인가요? 동화 속 새엄마들은 하나같이 친딸을 데리고 왔어요.

현지도 새엄마가 데리고 온 친딸이에요. 아빠도 분명 그 동화들을 읽었을 텐데, 왜 새엄마와 언니를 식구로 맞이한 건지 재영이는 정말 이해할 수 없었어요. 너무 오래전에 읽어서 잊어버린 것이 분명해요.

"아빠, 주말에 나랑 공원에서 배드민턴 쳐요."

재영이가 밥을 먹다 말고 아빠에게 말했어요.

아빠는 물을 한 모금 마시면서 말했어요.

"음…… 배드민턴보다 우리 식구 다 같이 재미있는 영화를 보면 어떨까?"

재영이 말에 대답하면서도 아빠의 눈은 현지에게 가 있었어요. 현지는 다리가 불편해서 힘든 운동은 할 수 없어요. 아빠는 그런 현지를 배려해서 영화를 보자고 하는 걸 거예요.

"아빠, 제가 배드민턴은 할 수 없지만 응원은 할 수 있어요. 우리 집에서 제 목소리가 제일 큰 거 아시죠?"

현지의 말이 끝나자 재영이 아빠는 껄껄 웃었어요. 현지는 장애가 있지만 늘 활발하게 말하고 웃는 얼굴이에요. 그래서인지 친구가 많고 아빠도 현지만 보면 눈이 반달이 되지요. 재영이는 그런 현지의 모습을 볼 때마다 너무 얄미웠어요. 작은 눈에 동그란 현지의 얼굴은 영락없는 여우 얼굴이라니까요.

"현지가 착하고 어른스럽네. 동생 배려하는 것도 좋지만 가족이 다 함께 즐길 수 있는 게 좋지."

재영이는 아빠의 칭찬을 받고 웃는 현지와 새엄마를 보니 약이 올랐어요. 세 사람만 즐거운 것 같았어요.

"나는 영화 싫어요."

재영이는 밥을 먹다 말고 숟가락을 내려놓으며 신경질적으로 말했어요. 뭐든 현지를 우선으로 생각하는 아빠가 새엄마보다 더 미웠거든요. 아빠가 재영이에게 야단을 치려는 순간, 현지가 재빨리 재영이 볼을 잡아당기며 웃었어요.

"재영이 볼이 복어 같아요. 귀여워."

재영이는 고개를 휙 돌리며 현지에게 눈을 흘겼어요. 복어가 얼마나 못생긴 배불뚝이 생선인데요. 귀엽다는 말로 은근히 자기를 놀려 먹는 게 분명해요. 재영이를 야단치려던 아빠도 현지의 말에 웃음을 터뜨렸어요.

재영이는 너무 화가 났어요. 웃고 있는 세 사람이 처음부터 가족이었던 것처럼 자연스러워 보였으니까요. 새엄마와 현지가 아빠를 빼앗아 간 것 같아 재영이는 엉엉 울고 싶어졌어요.

그날 저녁, 퇴근해서 들어오는 아빠의 손에 목발이 들려 있었어요.

"현지야, 새로 맞춘 목발 왔다. 어서 나와 봐."

몇 달 새 키가 훌쩍 큰 현지의 키에 맞춰 아빠가 새로 선물한 목발이에요. 현지는 입을 다물지 못한 채 다리를 절며 거실로 나가 새 목발을 받았어요. 낡은 목발을 쓰다가 새 목발을 받았으니 얼마나 기쁘겠어요.

"거실 한 바퀴 돌아 봐. 어디 불편한 데는 없는지."

자상한 아빠의 말에 현지가 목발을 하고 거실을 왔다 갔다 했어요.

"아빠, 목발이 너무 좋은데 새것이라 그런지 겨드랑이가 좀 아파요."

"아이고, 그래? 어쩌지? 뭘 좀 받쳐야겠다. 아, 저게 좋겠네!"

아빠는 거실 소파 위에 있는 낡은 곰 인형을 가져왔어요. 납작하고 작은 곰 인형을 목발 위에 얹으니 크기도 딱 맞았지요.

"이야, 이거 딱인데? 수건을 대는 것보다 훨씬 예쁘고 푹신푹신하겠어."

아빠는 엄청난 발견이라도 한 듯 신이 나서 끈으로 인형을 고정시켰어요.

"아빠, 이 인형 재영이 건데 그냥 수건 받쳐 주세요."

현지가 난처한 표정으로 말했지만 아빠는 싱글벙글 웃으며 인형을 목발에 받쳐

주었어요. 방에서 나오다 이 모습을 본 재영이가 소리쳤어요.
"야, 김! 그 인형 내놔. 내 거야!"
헐크처럼 화난 표정으로 쿵쿵거리고 달려 나온 재영이가 아빠를 보고 말했어요.
"왜 내 인형을 이딴 물건에 끼워 놓고 그래?"
재영이는 인형을 묶은 매듭을 풀려고 현지의 팔에서 목발을 낚아챘어요. 그 때문에 현지는 바닥에 넘어지고 말았지요.
"이 녀석이! 너 자꾸 못되게 굴 거야? 다 낡은 인형 가지고 왜 이리 소란이야?"
아빠가 현지를 일으키며 천둥 같은 소리로 재영이를 야단쳤어요.
"아빠 나빠! 그 인형이 뭔지도 모르면서."
재영이는 울음을 터뜨리며 자기 방으로 들어가 방문을 쾅 닫았어요. 현지는 얼굴이 붉어져 어쩔 줄 모르고 서 있었지요. 방으로 들어온 재영이의 눈에서 눈물이 멈추지 않고 흘러내렸어요.
'아빠가 현지네 가족이 된 거야!'
재영이는 머릿속에 맴도는 생각으로 설움이 더 커졌어요.
새엄마가 뒤늦게 이 사실을 알고 들어와 재영이를 달랬지만, 울음소리만 더 커질 뿐이었지요.

한바탕 소란이 잠잠해지고 모두가 잠든 밤이 되었어요.
'딸칵.'
깊은 잠에 빠진 가족들은 아무도 현관문이 열리는 소리를 듣지 못했어요.

다음 날 아침 일찍 현지의 목소리가 가족들을 깨웠어요.
"누구 내 목발 본 사람 없어요?"
휴일이라 늦잠을 잔 새엄마가 하품을 하며 나왔어요.
"잘 찾아봐. 그게 어디로 갔겠니."
새엄마는 대수롭지 않게 말하며 주방으로 갔어요. 현지는 목발을 찾느라 이마에 땀이 송골송골 맺혀 있었어요.
"혹시 현지 목발 못 봤니?"
아빠가 나와서 재영이 방에 들어와 주위를 훑어보며 물었어요.
"내가 어떻게 알아요?"
아직 일어나지 않은 재영이는 짜증을 내며 이불을 뒤집어썼어요.
아빠는 온 집 안을 다니며 목발을 찾더니 밖으로 나갔어요. 그런데 잠시 후 들어온 아빠의 손에 현지의 목발이 들려 있는 것 아니겠어요? 목발을 찾은 아빠의 표정은

몹시 화가 난 듯 보였어요.

"박재영, 이리 나와 봐."

아빠가 재영이 이름 앞에 성을 붙여서 부를 때는 화가 많이 났을 때예요. 재영이가 나오지 않자 아빠가 재영이 방으로 가서 문을 열고 큰 소리로 말했어요.

"일어나! 왜 그랬어? 응? 너 이렇게 자꾸 속 썩일 거야?"

아빠가 소리치자 재영이가 침대에 앉은 채로 눈물을 뚝뚝 흘렸어요. 새엄마가 깜짝 놀라 뛰어 들어오면서 물었어요.

"무슨 일이에요? 아침부터 왜 야단을 치고 그래요?"

재영이의 어깨를 감싸 안는 새엄마에게 아빠가 난감한 표정으로 말했어요.

"혹시나 해서 내려가 봤더니 쓰레기통 옆에 버려져 있지 뭐야. 경비 아저씨가 어젯밤 재영이를 봤대요."

새엄마는 당황했는지 아무 말도 못 했어요.

"이게 다 새엄마랑 현지 때문이야!"

재영이가 소리치면서 서럽게 울기 시작했어요.

"아빠를 빼앗아 갔다고!

아빠는 이제 현지 아빠잖아."

아빠는 한숨을 쉬며 더 이상 말을 못 했어요. 눈물범벅이 된 재영이가 갑자기 고개를 돌려 새엄마를 향해 소리쳤어요.

"난 아줌마가 없었으면 좋겠어요. 내 엄마도 아닌데 왜 우리 집에 있어요?"

새엄마는 놀라서 얼굴이 붉어지며 어쩔 줄 몰라 했어요.

"이 녀석이 보자 보자 하니까!"

화가 잔뜩 나서 재영이에게 다가가는 아빠의 팔을 새엄마가 붙잡았어요. 그리고 얼른 밖으로 데리고 나갔어요.

'아빠랑 둘이 살던 때로 돌아가고 싶어!'

재영이의 간절한 마음처럼 뜨거운 눈물이 쉴 새 없이 볼을 타고 흘러내렸어요.

즐거운 여름 방학이 시작된 날, 재영이가 학교에서 일찍 돌아왔어요. 맛있는 냄새가 집 안에 가득했어요. 새엄마가 주방에서 맛있는 떡볶이를 만들고 있었거든요.

"재영아, 이리 와서 떡볶이 먹으렴."

새엄마가 다정하게 재영이를 불렀어요.

"김은요?"

"아, 현지? 학원 마치고 오려면 좀 있어야 해."

새엄마가 재영이 앞에 앉았어요. 새엄마는 재영이 혼자 음식을 먹을 때면 늘 함께 있지요. 재영이는 그게 불편한데 말이에요. 재영이를 바라보던 새엄마가 말했어요.

"재영아, 현지가 집에 오면 바로 외가로 갈 거야. 나도 함께 있다가 올 건데, 아빠랑 둘이 있을 수 있지?"

새엄마의 말에 재영이는 속으로는 좋으면서도 태연한 목소리로 물었어요.

"언제 올 건데요?"

재영이가 묻자 새엄마는 빙그레 웃으며 대답했어요.

"음…… 재영이가 보고 싶다고 하면."

재영이는 무시하듯 새침한 표정으로 떡볶이를 먹었어요. 새엄마의 떡볶이는 언제 먹어도 참 맛있다는 생각을 하면서요.

현지가 학원에서 돌아오자 새엄마는 커다란 여행 가방을 끌고 현지와 집을 나섰어요.

"전화할게."

현지가 돌아서며 아쉬운 듯 말했지만 재영이는 딴청을 부렸어요.

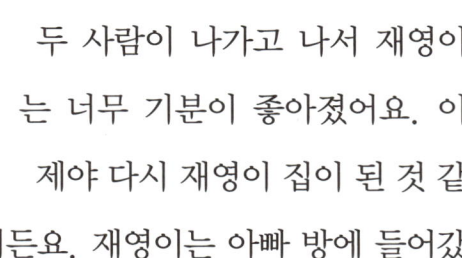

두 사람이 나가고 나서 재영이는 너무 기분이 좋아졌어요. 이제야 다시 재영이 집이 된 것 같았거든요. 재영이는 아빠 방에 들어갔어요. 깨끗하게 정돈된 방에서 좋은 냄새가 났어요. 탁자 위에는 아빠와 새엄마가 다정하게 찍은 사진 액자가 있었어요.

'쳇! 닭살이군.'

재영이는 입을 삐죽거리며 액자를 엎어 놓고 방을 나왔어요.

이번엔 현지 방으로 들어갔어요. 침대 위에 있는 베개와 인형을 바닥에 던지고 올라갔어요. 그리고 침대에서 점프를 하기 시작했어요. 현지의 매트리스에서 나는 소리가 '아야, 아야!' 하는 것 같아 더 신이 났지요.

숨이 차게 뛰던 재영이는 침대에서 내려와 자기 방으로 갔어요. 아침에 아무렇게나 벗어 던진 잠옷이 가지런히 개켜져 침대 위에 있었어요. 재영이는 잠옷을 옆으로 휙 밀고 그 자리에 누워 스마트폰 게임을 하기 시작했어요.

한 시간 이상 하면 아빠한테 이르던 고자질쟁이가 없어서 너무 좋았어요.

어두워지자 아빠가 들어오는 소리가 들렸어요.

재영이가 현관까지 나가서 아빠를 맞이했어요.

"응, 그래. 배고프지?"

아빠는 옷을 갈아입고 나와서 밥상을 차렸어요. 재영이는 아빠랑 살던 때로 돌아간 것 같아 마냥 신이 났어요. 그런데 왠지 아빠 얼굴이 쓸쓸해 보였어요.

그때 아빠 휴대 전화 벨소리가 들렸어요. 밥을 먹다 말고 바로 전화를 받는 아빠의 목소리가 밝았어요.

"잘 도착했어요? 너무 걱정 말아요. 방학인데, 뭘."

한참을 통화하고 전화를 끊은 아빠의 표정이 다시 시무룩해지는 것 같았어요.

다음 날 아빠는 식탁에 메모지를 남기고 출근했어요.

> 우유 꺼내서 시리얼이나 빵이랑 먹어.
> 종일 게임만 하지 말고 숙제도 하고.

재영이는 오랜만에 시리얼을 먹었어요. 빈 그릇과 우유를 식탁에 둔 채 소파에 누웠어요. 세수도 하지 않고 양치도 안 했답니다. 하루 종일 소파에 누워 텔레비전을 보다가 스마트폰 게임을 하다가를 반복했지요. 뭘 해도 간섭할 사람이 없으니 재영이 세상이에요.

오후에는 같은 반 스이가 놀러 와도 되냐고 전화를 했어요. 심심하던 차에 잘됐다 싶은 재영이는 얼른 오라고 소이를 불렀어요.

"너 머리가 왜 그래?"

소이는 들어오자마자 킥킥거렸어요. 재영이는 얼른 거울을 봤어요. 씻지도 않고 머리 빗겨 줄 사람도 없으니, 머리가 엉망인 게 당연해요.

"소이야, 잠깐만."

재영이는 얼른 방에 들어가 고무줄을 찾았어요. 머리를 묶으려 했지만 머리카락이 자꾸 흘러내리고 빠져나와 힘들었어요. 이렇게 힘든 걸 새엄마는 어떻게 아침마다 여러 가지 모양으로 깔끔하게 묶어 줬는지 모르겠다는 생각을 했어요. 대충 머리를 묶고 방에서 나

간 재영이는 소이와 신나게 게임을 했어요.

"배 안 고파?"

게임이 지루해질 무렵 소이가 재영이에게 물었어요. 재영이는 소이를 데리고 식탁으로 가서 우유를 꺼내 컵에 따르고 빵을 주었어요.

"그런데 너희 엄마는 안 계셔?"

소이가 빵을 한 입 베어 먹더니 물었어요.

"응. 일이 있어서 어디 가셨어. 오래 있다가 오실 거야."

재영이는 마치 자랑이라도 하듯 말했지만 그 말을 들은 소이의 표정은 실망으로 가득했어요.

"정말? 나 너희 엄마가 해 주시는 떡볶이가 먹고 싶었는데."

소이는 먹던 빵을 내려놓고 일어섰어요. 그러더니 휴대 전화를 챙겨 현관으로 가면서 말했어요.

"나 하린이네 집에 놀러 가기로 했어. 하린이 엄마가 오늘 김밥 만드신대."

"갑자기?"

재영이는 갑작스런 소이의 행동을 이해할 수 없었어요. 현관에서 신발을 신은 소이가 말했어요.

"아 참! 재영아, 네 머리 말이야. 너무 웃겨. 텔레비전에 나오는 바보 언니 같아."

킥킥 웃으며 나가는 소이의 뒷모습을 멍하니 바라보던 재영이는 입술을 깨물었어요.

'저게 진짜!'

재영이는 약이 올라 씩씩거리며 식탁으로 왔어요. 우유 팩 옆에 아침에 먹던 시리얼 그릇과 소이가 먹던 빵이 널브러져 있었어요. 재영이처럼 초라하게 말이에요.

저녁 늦게 회사에서 돌아온 아빠는 지쳐 보였어요. 주방으로 가서 밥을 차리던 아빠가 재영이에게 잔소리를 했어요.

"재영아, 우유를 냉장고에 넣었어야지. 상하잖아."

식탁을 치우는 아빠의 미간이 구겨졌어요. 그걸 본 재영이의 기분도 구겨지는 것 같았어요.

저녁 반찬으로 아빠가 달걀프라이를 해 주었어요. 오랜만에 먹어 보는 아빠의 달걀프라이가 너무 짜서 재영이는 거의 남겼어요. 아빠는 설거지를 마치고 서재 방으로 들어갔어요. 거실에서 혼자 텔레비전을 보던 재영이는 갑자기 거실을 둘러보며 고개를 갸우뚱거렸어요.

'우리 집이 이렇게 넓었나?'

텅 빈 것처럼 커 보이는 집 안에서는 '웅웅' 텔레비전 소리뿐 사람 소리가 하나도 나지 않았어요. 텔레비전 볼륨을 높일수록 집 안은 더 고요하게 느껴졌어요. 아빠가 방에 있는데도 무서운 생각이 들 정도였지요.

참 이상한 일이에요. 아빠랑 둘만 있게 되면 매일매일 즐거울 줄 알았는데 말이죠. 참새처럼 재잘거리던 현지의 목소리가 자꾸 생각나서 재영이는 고개를 흔들었어요.

나의 가족은 누구일까?

우리 가족은 나, 엄마, 아빠, 동생이에요.

가족은 서로가 조금씩 닮은 사람들이에요. 우리 엄마는 내가 우리 할아버지랑 똑같이 생겼다고 했어요. 유전자의 힘이라고요!

그러면 재영이랑 새엄마, 재영이랑 현지는 공유하는 유전자가 없으니까 가족이라고 할 수 없는 것 아닌가요?

그렇지만 현지 엄마랑 재영이 아빠가 서로 사랑해서 결혼을 했으니까 이제는 가족이라고 해야 하지 않을까?

지혜 말을 듣고 보니, 가족은 꼭 핏줄로만 이어져야 하는 건 아닌 것 같네. 서로 가족이 되기로 약속한 사람들은 서로의 가족이 될 수가 있을 것 같아. 그렇죠?

새롬이가 설명한 것처럼 핏줄로 이어져서 같은 유전자를 가지고 있는 사람들을 우리는 가족이라고 부른단다. 그런데 지혜 말처럼 핏줄로 이어지지 않은 사람들도 새롭게 가족이 되는 경우도 있지.

소쌤의 인문 특강
어디까지 가족이라 할 수 있을까?

보통은 한집에 같이 살면서 나와 핏줄로 이어진 부모나 자녀를 가족이라고 해. 한집에서 생계를 같이한다면 할머니, 할아버지, 삼촌, 이모, 사촌들도 가족이라고 할 수 있지.

또 다른 경우도 생각해 볼 수 있단다. 엄마 아빠가 재혼을 해서 새엄마, 새아빠가 새로운 '가족'이 될 수도 있고, 엄마 아빠가 직접 낳지 않아도 입양을 통해 형제, 자매가 생기는 경우도 '가족'이 될 수 있어.

사회의 기본 단위로 어디까지를 가족이라고 보는지는 각 나라가 법으로 정해 두고 있단다.

우리나라의 법(건강 가족 기본법)에서는

가족을 "혼인·혈연·입양으로 이루어진 사회의 기본 단위"라 정의하는데,

다른 나라에서는 혼인이나 혈연, 입양으로 이루어진 가족이 아니어도 한 집에서 같이 살고 함께 생활하면, 가족이라고 보기도 하지.

동화책이나 영화를 보면 엄마 아빠와 함께 사는 친구들도 있지만, 엄마 아빠가 아닌 할머니나 할아버지랑 사는 친구들도 있어. 재영이처럼 새엄마나 새아빠랑 살게 되는 친구들도 있고 말이야. 이처럼 집집마다 사정에 따라 가족 구성원이 다양하단다. 예전에는 가족의 일반적인 모습(엄마, 아빠, 아이로 구성된 가족)이 있다고 생각하는 사람들이 많았지만, 삶의 모습이 다양해지면서 요새는 다양한 가족의 모습을 찾아볼 수 있지.

가족의 모습에는 정답이 없단다. 가족끼리 서로를 아끼고 사랑하는 마음이 있는지가 가장 중요한 일이지.

우리 가족은 누구누구일까? 그리고 친구 중 한 명의 가족 모습을 떠올리며 적어 보렴.

우리 가족 _____

친구 가족 _____

나와 친구의 가족 모습이 (가족의 형태가) 같니, 다르니?

또 다른 가족

"재영아, 할머니 오셨다."

퇴근 시간도 아닌데 아빠가 할머니와 함께 집으로 들어왔어요.

"할머니!"

재영이는 할머니가 너무 반가워 달려가 안겼어요.

"어이구, 내 강아지. 그새 많이도 컸네."

할머니가 재영이의 볼을 쓰다듬으며 활짝 웃었어요.

"할머니는 근처에 결혼식 참석하러 오셨다가 잠깐 들리신 거야. 아빤 다시 회사 들어가야 해."

"할머니는 언제 가? 자고 갈 거지?"

"할머니는 타고 온 버스로 다시 가야 해."

"안 돼. 자고 가. 아빠 회사에서 늦게 오면 나 혼자 있어서 무섭

단 말이야."

 재영이는 할머니 손을 꼭 잡고 떼를 썼어요.

"엄마 없으니까 힘들지? 그러게 왜……."

아빠의 헛기침 소리에 할머니가 말을 멈췄어요.

"그럼 나 할머니 따라갈래. 방학인데 혼자 이게 뭐야?"

"그럴래? 할머니 집에 강아지가 있어서 집을 비울 수가 없단다."

 할머니를 따라가겠다는 재영이의 고집에 아빠는 할 수 없이 가방을 챙겨 줬어요. 아빠도 회사에서 늦는 날이면 재영이가 걱정되었거든요.

재영이와 할머니를 태운 버스가 한참을 달려 시골 마을에 도착했어요. 오랜만에 온 할머니 집은 변한 것 없이 정겨웠어요. 딱 한 가지, 마당에 예전에 없던 배불뚝이 개 한 마리가 있는 것만 빼고요. 개는 할머니를 보자마자 꼬리를 흔들며 달려오더니, 재영이를 보고는 사납게 짖었어요.

"할머니, 이 못생긴 개는 뭐예요?"

재영이가 입을 삐죽거리며 묻자 할머니가 대답했어요.

"저런, 못생겼다니. 얼마나 예쁜 내 새낀데. 그렇지? 사랑아."

할머니는 사랑이 머리를 쓰다듬었어요. 사랑이는 꼬리를 더 흔들며 할머니에게 매달렸어요. 깡충깡충 뛰면서 할머니가 걸음을 옮길 때마다 발 옆에 바짝 붙어 따라다녔어요.

'토끼도 아니면서 왜 저렇게 깡충거려?'

재영이는 할머니를 따르는 사랑이를 쳐다보다 갑자기 현지가 생각났어요.

"사랑이라고 했죠? 난 쟤 맘에 안 들어요."

재영이는 큰 소리로 말하면서 집으로 들어갔어요. 사랑이가 다 알아들었는지 재영이를 향해 멍멍 짖었어요.

시골 할머니 집은 인터넷도 되지 않고 놀 거리가 별로 없었어요. 그래도 집에 혼자 있는 것보다는 좋았지요. 할머니가 하루 종일 함께 있어 주고 때마다 밥도 차려 주니까요. 시골에서 먹는 옥수수와 감자부침은 또 얼마나 맛있다고요.

집에 혼자 있을 아빠를 생각하면 가끔 미안해지기도 했어요. 그렇지만 뭐, 아빠는 재영이와 함께 있어도 쓸쓸한 표정인걸요. 끼니 때마다 재영이 밥을 차려 주지 않아도 되니, 오히려 편할 거란 생각을 했어요.

재영이가 할머니와 며칠을 보내자 사랑이도 재영이를 보면 꼬리를 흔들기 시작했어요. 재영이에게 와서 자꾸 매달리고 귀찮게 하고요.

"같이 놀자고 하는 거란다."

할머니는 사랑이가 재영이를 많이 좋아한다고 달했어요. 하지만 재영이는 사랑이를 볼 때마다 현지가 생각나서 정이 가지 않았어요. 현지도 늘 재영이에게 말을 걸고 뭐든지 같이 하자면서 귀찮게 하거든요. 할머니가 안 볼 때 재영이는 사랑이 꼬리를 잡고 힘껏 당겼어요.

"깨갱!"

뒷발이 공중에 들리면서 사랑이가 울었어요. 재영이는 당황해서 얼른 꼬리를 놓았어요.

그때 뒤에서 큰 소리가 들렸어요.

"야! 새끼 가진 개를 왜 괴롭혀? 너 그거 동물 학대야."

낯선 목소리에 재영이가 뒤를 돌아봤어요. 이웃에 사는 동호였어요. 할머니 집 가까이 살아서, 올 때마다 얼굴을 보게 되는 동갑내기 남자아이예요.

동호 삼촌은 애견 센터를 크게 운영한대요. 강아지 농장도 운영하고요. 삼촌 집에 자주 놀러 가는 동호는 어릴 때부터 강아지를 많이 봐서 그런지 강아지에 대한 애정이 남달랐어요. 자기가 마치 모든 강아지들의 보호자인 것처럼 참견을 해서 밉상일 때도 많았지요.

지금처럼 말이에요.

"네가 뭔데 참견이니? 그리고 새끼를 가졌는지 네가 어떻게 알아?"

재영이가 퉁명스럽게 쏘아붙였어요. 가까이 다가온 동호는 재영이를 보고 반갑게 웃었어요.

"언제 왔니? 혼자 온 거야?"

동호는 싱글벙글 웃으며 엉뚱한 질문만 했어요. 사랑이는 동호를 경계하며 멍멍 짖었어요. 꼬리를 잡아당긴 건 재영이인데 말이죠.

재영이가 할머니 집에서 지낸 지 며칠이 지났어요. 사랑이 배는 더 많이 불러 왔어요. 새끼를 낳을 날이 가까워진 거예요.

몸이 무거울 법도 한데 사랑이는 할머니와 재영이를 졸졸 따라다녔어요. 적극적인 성격이 정말 현지랑 닮았다니까요. 재영이는 사랑이가 다가오면 발을 쿵! 구르며 쫓아냈어요. 그래도 사랑이는 한결같이 재영이를 좋아하고 따라다녔어요. 할머니는 사랑이가 새끼를 가졌다고 사료도 더 많이 주며 정성껏 돌봐 줬어요.

"어이구, 내 새끼. 예쁘기도 하지."

사랑이만 보면 할머니 입에서 자동으로 나오는 말이에요.

"할머니가 사랑이 엄마야? 왜 맨날 내 새끼라고 해요?"

재영이가 질투하듯 할머니에게 물었어요.

"늘 집에서 날 반겨 주고 할머니를 따르는데 내 새끼나 다름없지. 안 그러냐?"

할머니는 두 손으로 사랑이의 얼굴을 만지며 대답했어요.

"쳇, 할머니가 낳지도 않았으면서."

재영이가 입을 삐죽거리자 할머니가 우스운지 '하하' 하고 웃었어요.

"낳지 않았어도 나랑 사니까 내 식구고 가족이지. 사랑이가 있어 할미가 외롭지 않고 얼마나 든든한데!"

사랑스러운 눈빛으로 쳐다보는 할머니와 눈이 마주친 사랑이가 꼬리를 흔들었어요.

"오구오구, 내 강아지!"

할머니와 사랑이의 모습을 본 재영이는 손뼉을 치며 웃었어요.

"할머니, 정말 사랑이가 할머니 아기 같아요. 너무 웃겨!"

재영이와 할머니가 한바탕 웃고 있는데, 갑자기 사랑이가 앞으로 달려 나가며 짖어 댔어요.

"야, 너는 왜 나한테만 그러냐? 구박하는 사람, 예뻐하는 사람도 구별할 줄 모르네."

동호가 마당으로 들어오다가 몸을 움찔거리면서 엄살을 떨었어요.

"넌 왜 또 왔는데?"

재영이가 뾰로통하게 묻자 동호가 머리를 긁적거리며 대답했어요.

"우리 형이 자꾸 괴롭혀서 피해 온 거야. 딱밤 기계라니까."

"딱밤 기계?"

"응. 나만 보면 자꾸 딱밤을 때리려 하거든."

"진짜 짜증 나겠다. 그래서 네 머리통이 좀 울퉁불퉁하구나?"

뾰로통하던 재영이의 표정이 웃음으로 변하자 동호는 얼른 옆으로 다가왔어요.

"히히. 그래도 난 형이 좋아."

"괴롭히는 형이 뭐가 좋냐?"

재영이가 한심하다는 듯 묻자 동호가 싱글벙글 웃으며 대답했어요.

"장난인 걸 알거든. 우리 형은 내가 귀여워서 그러는 거래."

"그럼 계속 딱밤이나 맞아 줘라. 형을 위해서."

재영이가 빈정거리듯 말했어요.

"사랑이도 너를 언니로 생각하니까 네가 괴롭혀도 변함없이 널 따르는 거야."

동호는 마치 선생님이라도 된 것처럼 재영이에게 말했어요.

"그걸 네가 어떻게 아니? 개 마음을 알아?"

재영이가 말도 안 되는 소리라며 따져 묻자 동호가 턱을 치켜들며 말했어요.

"소문 못 들었니? 나 개 박사야. 우리나라 최고의 개통령이 될, 개 박사 박동호."

동호의 너스레에 재영이가 한숨을 쉬며 고개를 절레절레 흔들었어요.

재영이가 시골에 온 지 벌써 열흘이 지났어요. 친구들 생각이 많이 났지만 개 박사 동호가 매일 찾아와 엉뚱한 이야기를 들려주어서 심심하지 않았어요. 게임도 며칠 하지 않으니 별로 생각이 나지 않았고요. 먹어도 먹어도 질리지 않는 옥수수도 실컷 먹을 수 있어서 좋았어요. 아빠가 생각나긴 했지만, 이미 아빠는 현지 아빠가 되었는걸요. 차라리 멀리 떨어져 아빠와 현지의 다정한 모습을

보지 않는 것이 더 나을지도 몰라요.

'부릉부릉, 끼이익!'

우울한 생각에 빠져 있던 재영이는 오토바이 소리에 놀라서 얼른 밖으로 나갔어요. 집배원 아저씨였어요.

"강은순 할머니 댁 맞지? 아, 네가 재영이구나?"

집배원 아저씨는 척척박사인 것처럼 말했어요. 그리고 재영이 손에 편지 한 통을 건네주고 세상에서 제일 바쁜 사람처럼 부르릉 가 버렸어요.

재영이는 어리둥절했어요. 생일날 축하 카드를 받은 적은 있었지만 편지는 처음이에요. 도대체 누가 시골에 와 있는 재영이에게 편지를 보낸 걸까요?

재영이는 두근거리는 마음으로 편지 봉투에 쓰인 글씨를 확인했어요.

"뭐야, 김이잖아?"

이내 실망한 표정으로 바뀐 재영이는 입을 삐죽거리면서 편지 봉투를 뜯었어요. 편지를 읽으려던 재영이는 어이없다는 표정을 지으며 혼잣말을 했어요.

"사랑하는 이모에게? 이건 또 뭐야. 쳇."

현지가 이모에게 쓴 편지를 재영이에게 보낸 거예요. 아마도 이모에게는 재영이에게 쓴 편지가 갔을 거예요.
　재영이는 뒤바뀐 편지를 읽어 내려갔어요. 어차피 뜯은 편지고, 잘못 보낸 건 현지 실수니까요.
　편지를 다 읽은 재영이는 마음이 무거워졌어요. 마치 남의 비밀을 엿들은 것 같았거든요. 재영이는 편지를 수첩에 끼워 두었어요. 편지 내용이 생각나 자꾸만 기분이 이상해졌어요. 왠지 속상하기도 했고요.
　저녁에는 할머니가 감자를 쪄 주었어요. 뽀얀 감자를 젓가락으로 콕콕 찌르던 재영이가 갑자기 할머니에게 말했어요.
　"할머니, 나 여기서 할머니랑 살면 안 돼?"
　재영이는 감자를 호호 불며 슬그머니 할머니 눈치를 봤어요.

"아이고, 네 엄마 아빠가 알면 펄쩍 뛰겠네. 왜 멀쩡한 집을 두고 여기 산다는 거야?"

할머니는 말도 안 된다는 듯 눈에 힘을 주며 가만히 재영이를 바라봤어요.

"엄마가 아니고 새엄마거든요? 그리고 내가 여기 산다고 하면 모두 좋아할걸?"

재영이는 입을 잔뜩 내민 채 힘없이 말했어요.

"우리 재영이가 왜 이렇게 마음을 다쳤을까? 할머니가 아빠 엄마 혼 좀 내야겠는데?"

할머니는 걱정스러운 눈빛으로 재영이를 안쓰럽게 바라보다가 이내 장난스러운 표정을 지었어요.

"그러니까 난 집에 안 갈 거예요. 절대로."

재영이는 굳은 결심이라도 한 듯 말하며 할머니를 껴안았어요. 재영이의 등을 토닥거리던 할머니가 말했어요.

"여기에 있는 동안 사랑이를 잘 돌봐 주면 할머니가 아빠랑 의논해 보마. 사랑이가 새끼 낳을 때가 다 된 것 같거든."

"싫어, 싫어. 나 사랑이 만지기도 싫어하는 거 몰라요? 할머니 너무해!"

재영이가 아기처럼 징징거렸지만 할머니는 고집을 꺾지 않았어요. 어쩔 수 없이 재영이는 사랑이를 관찰하고 돌보게 되었어요. 사랑이를 본다는 핑계로 매일 재영이에게 놀러 오는 동호가 그나마 도움이 되었지요.

사랑이는 이제 동호를 보고 짖지는 않지만, 여전히 동호를 경계하는 눈치였어요. 동호가 먹을 걸 가져와서 사랑이에게 주어도 먹지 않았으니까요. 그러면서도 쌀쌀맞게 구는 재영이만 보면 꼬리를 치며 좋아했어요.

"칫, 자기네 식구만 좋아하네."

동호가 볼멘소리를 하자 재영이가 발끈했어요.

"누가 식구라는 거야? 주워 온 개가 어떻게 가족이 되냐?"

동호는 특유의 선생님 같은 모습으로 설명하듯 말했어요.

"교과서 '다양한 가족'에 개도 가족이 될 수 있다고 나왔잖아. 사람으로 치면 입양 가족인 거야. 우리 아빠는 같은 회사 사람들도 다 식구라고 하는걸?"

재영이는 공부도 안 하는 아이가 된 것 같아 얼굴이 붉어졌어요. 동호는 개 박사가 아니라 척척박사인가 봐요.

가족과 식구는 같을까, 다를까?

같은 말 아닌가요?
둘 다 한자어인데, 왜 두 가지 말이 생겼는지 궁금해요.

우리 엄마는 회사 사람들을 '우리 사무실 식구'라고 이야기해. 그 사람들이 우리 가족은 아니니까 가족과 식구는 다른 말이야.

우리 가족을 이야기할 때, 엄마, 아빠, 누나, 저 이렇게 네 식구라고 소개해요. 그러니까 가족이랑 식구는 같은 말이에요!

식구는 '같이 밥을 먹는 사람들'이라는 뜻이야. 그러니까 같은 공간에서 자주 밥을 먹는 사람들, 친밀한 사람들에게 식구라는 말을 쓰는 것 같아.

가족은 식구가 될 수 있지만, 식구는 가족일 수도 가족이 아닐 수도 있다는 건가?

사람들은 서로 친하게 지내고 싶을 때에도 '가족'이나 '식구'라는 말을 사용하기도 하는 것 같아요.

'식구(食口)'라는 말은 한자어인데, '함께 밥 먹는 입'이라는 뜻을 가지고 있단다. 그러니까 우리가 함께 생활하면서 자주 식사를 함께하는 친밀한 사람들을 부를 때도 쓴단다.

소쌤의 철학특강

들뢰즈가 말하는 가족 이야기

프랑스의 철학자 중에 '질 들뢰즈'라는 사람이 있단다. 기존의 철학을 비판적으로 바라본 것으로 유명하지. 그가 주장한 이론 중에 '리좀(Rhizome)'이라는 게 있는데, '리좀'은 잔뿌리를 의미해. 고구마의 뿌리처럼 어느 것이 중심이라 할 수 없이 사방으로 뻗어 나간 뿌리지.

리좀에서 말하는 수목(나무) 구조 가족과 리좀 가족을 비교하면 다음과 같아.

수목 구조 가족
위아래가 분명한 나무처럼 나이가 많은 사람이 아랫사람에게 마음대로 명령하는 가족

리좀 가족
나무의 잔뿌리처럼 위아래가 있지 않고 모두가 평등하며 서로 존중하는 가족

리좀은 우리가 보통 정상이라고 하는 가족 개념에 질문을 던져.

질 들뢰즈(1925~1995)
프랑스의 철학자, 사회학자, 작가.

수목 구조 안에서는 가족 구성원들이 자식은 부모를, 형제는 나이가 많은 사람을 무조건 따르기 때문에 평등하지 않다는 거지.

'리좀'의 개념에선 가족은 모두 수평적 관계이기에, 가정 폭력의 발생 가능성을 줄일 수 있어.

그렇다고 부모와 자녀가 중심이 되는 가족 형태가 나쁘다는 게 아니란다. 그 가족 형태 안에도 리좀의 개념을 도입해서, 서로를 평등하게 대할 수 있으면 더 좋을 거야.

행복한 가정이 될 수 있는 사회가 되면 참 좋겠지?

어느 아버지의 이야기

와! 책 엄청 많네. 이게 다 네 책이야? 전부 읽었어?

그럼. 거의 다 읽었지.

나도 시골 살면 책 많이 읽을 것 같아. 놀 게 없잖아.

시골에도 있을 거 다 있거든?

그래. 맞다. 네 말이 다 맞아.

아홉 살 개 박사님은 그냥 되는 줄 아니? 이렇게 책을 많이 읽으니 되는 거지.

그건 삼촌 덕 아냐? 삼촌네 농장에서 살다시피 한다며?

그렇지만 누구나 개 박사가 되는 건 아냐.

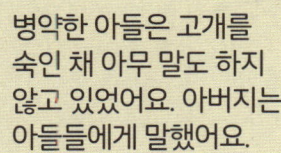

병약한 아들은 고개를 숙인 채 아무 말도 하지 않고 있었어요. 아버지는 아들들에게 말했어요.

"가장 잘 키운 사람에게는 원하는 걸 모두 들어줄 거다."

아버지의 말에 네 명의 아들들은 환호성을 질렀어요.

1년 후

아버지가 자녀들을 불러 모았어요.

"오늘은 나무를 심은 지 1년이 되는 날이다. 숲으로 가서 확인을 하도록 하자꾸나."

아들들은 호기심과 기대를 안고 아버지를 따라 숲으로 향했어요.

얼마나 자랐을까?

내 나무가 처음부터 싱싱해 보였으니 제일 컸을 거야.

아버지한테 소원을 뭐라고 말하지?

내 나무가 일등이 아니면 어떡하지?

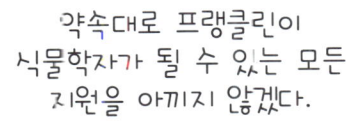

다시 집으로

할머니가 밭에 가고 없을 때 사랑이 울음소리가 났어요. 재영이는 못 들은 척하며 텔레비전 볼륨을 높였어요.

점점 커지는 사랑이의 울음소리에 재영이는 뭔가 심상치 않은 느낌이 들어 밖에 나가 보았어요. 사랑이가 헥헥거리며 제자리를 빙글빙글 돌며 울고 있었어요. 재영이가 당황해서 어쩔 줄 몰라 하는데, 마침 동호가 나타났어요.

"개 박사, 마침 잘 왔어. 큰일 났어."

"사랑이 새끼 낳으려 하지? 집에서 울음소리 듣고 온 거야."

동호는 당황한 재영이와 달리 개 박사답게 침착했어요.

"삼촌네 농장에서 개가 새끼 낳는 걸 많이 봤어. 분명히 할머니가 준비해 놓은 게 어디 있을 텐데."

"뭐?"

"뭐긴 뭐야? 담요나 방석같이 푹신한 이불이지. 물도 떠 와."

동호는 이때다 싶어 어깨에 힘을 주고 저영이를 무시하듯 말했어요. 화를 내려던 재영이는 너무 힘겨워 보이는 사랑이를 보며 동호의 말대로 담요를 찾아왔어요.

동호가 바닥에 담요를 깔아 주자 사랑이가 그 위에 누웠어요.

재영이는 계속 낑낑거리며 헐떡거리고 있는 사랑이가 무척 안쓰러웠어요.

"새끼 나왔어!"

사랑이를 계속 관찰하던 동호가 작은 목소리로 말했어요. 어느새 아주 작은 강아지가 얇은 주머니 같은 막에 쌓여 나왔어요. 사랑이는 힘겨워하면서도 입으로 주머니를 뜯고 새끼를 핥아 주었어요. 그런데 한참이 지나도 두 번째 새끼가 나오지 않았어요.

"사랑이한테 뭔가 문제가 생긴 거 같아. 이러다 사랑이 죽는 거 아냐?"

사랑이를 세심하게 살피던 동호는 큰일 났다며 호들갑을 떨었어요.

"뭐? 그럼 어떡해야 돼?"

재영이가 놀라서 동호에게 물었어요.

"나도 모르겠어. 어쩌지?"

"야, 너 개 박사라며? 그것도 몰라?"

"내가 박사는 맞지만 아이들끼리 할 수 있는 게 없잖아."

재영이와 동호가 옥신각신하는 사이에 두 번째 강아지가 나왔어요. 세 번째 강아지까지 나오자 동호와 재영이는 안도의 한숨을 쉬었어요. 사랑이는 너무 힘들어서인지 늘어져서 기운이 없어 보

였어요. 재영이와 동호는 꼬물거리는 새끼들이 너무 신기하고 귀여웠어요.

"도움 없이 사랑이 혼자 잘 낳아서 다행이야. 만약에 사랑이가 잘못되었으면 강아지들은 어쩔 뻔했냐?"

"멀쩡한 개를 가지고 왜 자꾸 나쁜 상상을 해?"

동호의 말에 짜증을 낸 재영이는 갑자기 아빠가 생각나고 보고 싶었어요.

'아빠가 없으면 나는 어떨까?'

상상하기도 싫은 일이었어요. 재영이는 괜히 동호의 등을 찰싹 소리가 나게 때렸어요.

그때 할머니가 밭에서 돌아왔어요. 모든 상황을 듣게 된 할머니는 깜짝 놀라며 사랑이의 집을 들여다보았어요.

"저런, 할머니를 바로 찾아오지 그랬니. 그래도 너희 둘이 아주 잘했다."

할머니는 새끼 강아지들을 수건으로 닦아 주며 재영이와 동호를 칭찬했어요.

재영이는 이제 정말 시골에서 살게 될 수 있을 거란 생각에 들떴어요. 할머니랑 살면 매일 귀여운 강아지를 볼 수 있잖아요. 또 엉뚱해서 재밌는 동호랑 같이 놀 수 있고요.

재영이가 즐거운 상상에 빠져 있는 동안 할머니가 황탯국을 가지고 나왔어요. 사랑이 집으로 걸어오던 할머니가 갑자기 걸음을 멈추고 소리쳤어요.

"아이고, 허리야! 재영아, 이 그릇 좀 빨리 받아라."

재영이와 동호가 할머니에게 달려가 냄비를 받자마자 할머니가 털썩 주저앉았어요. 할머니를 부축해서 방으로 들어간 재영이는 할머니 허리에 파스를 붙여 주었어요.

밖에 나와 보니 사랑이는 황탯국도 먹지 않고 여전히 몸을 덜덜 떨고 있었어요. 새끼들은 꿈틀거리며 제법 강아지 같은 소리를 내고 있었어요. 재영이는 수건을 가져다 사랑이 등에 가만히 덮어 주었어요.

사랑이가 새끼를 낳은 지 5일이 지났어요. 할머니는 허리가 나아지긴 했지만 여전히 통증이 있었어요.

"재영이가 할머니 대신 사랑이 밥 좀 챙겨 줄래?"

"그럼요. 저 사랑이랑 많이 친해졌어요."

할머니의 부탁에 재영이는 때마다 사랑이에게 할머니가 만든 황탯국과 고깃국을 갖다 줬어요. 그러나 할머니와 재영이의 정성에도 사랑이는 좀처럼 기운을 차리지 못했어요. 제대로 걷지도 못하고 밥도 먹지 못했지요.

점심때가 지나서 재영이는 사랑이가 밥을 먹었는지 확인을 하러 개집 앞으로 갔어요. 축 늘어져 있는 사랑이 품에 새끼들이 움직이고 있었어요.

"사랑아, 사랑아?"

재영이는 사랑이를 불렀어요. 하지만 사랑이는 고개를 들지 않았어요. 한 번도 이런 적이 없었는데 말이에요. 재영이는 너무 불길한 예감에 할머니를 불렀어요.

"할머니, 사랑이가 이상해요. 움직이지 않아요."

재영이의 외침에 복대를 감은 할머니가 허리를 잡고 나왔어요. 재영이는 동호에게도 달려가 손을 잡아끌었어요.

"동호야, 우리 사랑이 좀 봐 줘. 빨리!"

동호를 데리고 마당에 들어서자, 개집 앞에서 할머니가 다급하게 말했어요.

"재영아, 읍내 동물 병원에 전화해서 의사 선생님 좀 빨리 오시라고 해라."

재영이는 발을 동동 구르며 동호가 불러 주는 번호로 전화를 했어요. 잠시 후 동물 병원 원장님이 도착해 사랑이를 살폈어요.

"안타깝지만 이미 늦었습니다. 산후 마비예요. 출산 후에 혈액 내에 칼슘이 부족해져서 생기는 증상입니다. 그동안 몸에 마비도 왔을 테고 심장이 빠르게 뛰어서 힘들었을 거예요."

원장님의 말이 끝나자 **할머니는 털썩 주저앉아서 울기 시작했어요.** 오래전 재영이 엄마가 돌아가셨을 때 아이같이 엉엉 울었던 아빠처럼요. 재영이도, 동호도 그 자리에 멈춰 선 채 울음을 터뜨렸어요.

"나 때문이에요. 내가 내 몸 아프다고 돌보 주지를 못 했어."

할머니는 소매 끝으로 눈물을 닦으며 자신을 탓했어요.

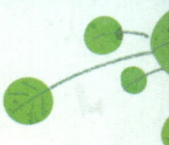

"어르신, 이건 어르신 잘못이 아니에요. 그러니까 자책하지 마세요."

할머니를 위로하던 원장님이 가방에서 무언가를 꺼내며 재영이와 동호를 불렀어요. 젖병과 강아지 분유였어요.

"강아지들이 어려서 엄마가 필요한데, 너희들이 잘할 수 있겠니?"

재영이와 동호는 동시에 머리를 끄덕였어요.

"자, 하루에 여섯 번 정도 먹이면 돼. 코에 들어가지 않도록 주의하고."

원장님은 돌아서서 할머니의 손을 잡아 주었어요. 동물 병원 원장님이 돌아간 후에도 할머니는 그 자리에 우두커니 앉아 있었어요. 재영이는 사랑이를 미워하고 괴롭혔던 일들이 떠올라 너무 후회되었어요.

'미안해. 정말 미안해, 사랑아.'

재영이 눈에서 다시 눈물이 주르륵 흘러내렸어요.

사랑이 대신 매일 강아지들에게 분유를 먹이게 된 재영이는 정말 엄마가 된 것 같은 기분이 들었어요. 아직 눈도 뜨지 못한 강아지들은 엄마가 없는 걸 모르나 봐요. 분유도 힘차게 먹고 꼬물꼬물 활발하게 움직였어요. 잠잘 때 항상 셋이서 꼭 붙어서 자는 모습이 너무나 사랑스러웠어요.

흐뭇하게 미소 짓던 재영이는 갑자기 현지의 편지가 생각났어요. 방 안으로 들어간 재영이는 가방에 넣어 둔 현지의 편지를 다시 꺼냈어요.

♡ 사랑하는   이모에게

이모, 잘 지내셨어요? 저는 아주 잘 지내고 있어요. 전학 간 학교에서 친구들도 많이 사귀었고 학교생활도 즐거워요. 예상대로 처음엔 많이 힘들고 외로웠지만요. 새아빠와 동생은 어떤지 궁금하시죠?

아빠는 정말 좋은 분이에요. 늘 저를 챙겨 주시고 사랑이 느껴져요. 동생은 정말 귀여워요. 같은 여자 동생이라서 저를 잘 따르고 게임도 같이 하면서 놀아요.

이모, 엄마가 새아빠와 결혼하기 전 내가 많이 울었잖아요? 엄마가 새아빠만 좋아할까 봐 걱정되었어요. 새아빠가 나쁜 사람일까 봐 겁도 났고요. 그때 이모가 좋은 점이 더 많다고 말해 줬지요. 그래서 엄마의 재혼을 찬성할 수 있었어요. 정말 이모 말이 맞았어요. 이렇게 든든할 수가 없어요. 엄마와 나를 지켜 주는 아빠, 뭐든 함께 할 수 있는 동생이 생겼으니까요. 그렇지만 힘든 것도 있어요. 동생이 저 때문에 아빠한테 혼나는 일이 있을 때예요. 그럴 때마다 너무 미안해서 눈치가 보여요. 그래서 더 씩씩한 척 웃어요.

그래도 저는 예전보다 훨씬 당당하고 행복해졌어요. 지금 저는 외가에서 열심히 용돈을 모으고 있어요. 동생에게 꼭 사 주고 싶은 게 있거든요. 그리고 언젠가는 동생과 함께 엄마표 떡볶이 요리법을 배우고 싶어요. 그때 이모 초대할게요.

그럼 다음에 또 편지할게요. 잘 지내세요. 사랑해요.

현지 올림

다시 한번 편지를 읽은 재영이는 중얼거렸어요.

"쳇, 나랑 친한 척하고 있어. 희망 사항이겠지."

재영이가 가방 깊숙한 곳에 편지를 숨기고 할머니 방에 들어갔을 때 할머니는 아빠랑 통화 중이었어요.

"수술? 하긴 이제 버티면 안 될 것 같구나. 그래서 언제 온다고? 오냐. 알았다."

할머니가 전화를 끊자 재영이가 물었어요.

"할머니, 무슨 전화예요? 아빠가 온다고요?"

할머니가 허리를 만지며 대답했어요.

"허리 수술 날짜를 잡았다는구나. 내일모레 우리를 데리러 온대. 너도 집에 갈 준비해라."

"그럼 나 여기서 못 사는 거예요? 강아지들은 어쩌고?"

재영이가 눈을 동그랗고 뜨고 입꼬리를 내리며 말했어요.

"할미보다 강아지가 더 좋구먼. 재영이는 집에서 가족이랑 살아야지. 강아지는 동호에게 잠시 맡겨야겠다."

할머니의 말에 재영이는 걱정스런 표정으로 한숨을 쉬었어요. 밖으로 나간 재영이는 동호를 찾아갔어요.

"나 내일 집으로 돌아가야 해."

동호의 표정이 시무룩해지더니 재영이에게 말했어요.

"할머니 몸도 안 좋으신데 가면 어떡하니?"

"할머니가 서울에서 수술을 하게 되었어. 그래서 가는 거야."

"야, 그럼 강아지들은 어쩌고?"

"그래서 말인데, 네가 당분간 돌봐 주라. 부탁할게."

동호는 시큰둥한 표정을 짓더니 재영이에게 말했어요.

"네 강아지를 내가 왜 돌봐 주냐? 그리고 넌 뭘 믿고 나한테 강아지를 맡기니? 내가 괴롭히면 어쩌려고."

"강아지들은 아직 어려서 엄마의 돌봄이 필요해. 넌 개 박사잖아. 강아지들의 좋은 엄마가 될 수 있어."

재영이의 말에 동호는 멋쩍은지 아무 말이 없었어요.

다음 날 아침 아빠가 할머니와 재영이를 데리러 왔어요. 아빠는 재영이를 보고 환하게 웃었어요. 재영이도 아빠가 너무 반가웠지만 애써 아무렇지도 않은 표정을 지었어요.

"어머니 병간호 때문에 집사람도 어제 집에 왔어요. 수술하시고 편안히 계시다 가셔요."

아빠의 얼굴에 자신감이 가득했어요. 재영이랑 둘이 있을 때 초라하게 구겨져 있던 표정과는 완전 딴판으로요. 재영이와 할머니

87

가 가방을 챙겨 마당에 나왔을 때, 강아지 집 앞에 와 있는 동호가 보였어요. 할머니는 동호에게 다가가 말했어요.

"동호야, 우리 아기들 잘 부탁한다."

재영이는 분유통과 젖병을 동호에게 건네며 물었어요.

"강아지에게 필요한 게 뭐다?"

"돌봐 주는 거지. 엄마처럼, 아빠처럼."

"딩동댕!"

척척 호흡이 맞는 동호의 대답에 재영이가 웃었어요. 동호와 강아지들에게 아쉬운 작별인사를 한 재영이는 차 안에서 자꾸 뒤를 돌아봤어요. 동호가 오랫동안 손을 흔들고 있었어요.

아빠의 표정처럼 힘차게 달린 자동차가 서울에 도착했어요. 재영이를 집에 내려 준 아빠는 할머니와 바로 병원으로 갔어요. 할머니는 오늘 입원하셔야 된대요.

집으로 돌아오니 현지만 있었어요. 새엄마는 미리 병원에 가 있어서 집에 없었고요.

"재영아! 보고 싶었어."

오랜만에 만난 현지가 재영이를 반겼어요.

"일부러 씩씩한 척, 기분 좋은 척하는 거지?"

재영이는 자기도 모르게 현지를 보며 비아냥거렸어요. 현지의 얼굴은 당황한 빛이 가득했어요. 얼굴이 빨개진 현지가 어색하게 웃으면서 말했어요.

"편지가 바뀐 걸 이모 전화 받고 알았어. 미안해."

재영이는 아무 대답도 하지 않고 방에 들어갔어요. 가방을 열고 옷을 꺼내고 보니 밑바닥에 있는 수첩이 보였어요. 재영이는 수첩을 열어 현지가 보낸 편지를 꺼내 펼쳤어요. 한참을 바라보던 재영이는 무슨 보물이라도 숨기듯 편지를 곱게 접어 다시 수첩에 단

단히 끼워 넣었어요.

"재영아, 라면 먹어."

주방에서 현지의 목소리가 들려왔어요.

"엄마가 너 오면 끓여 주라고 했어. 내가 특별히 달걀도 두 개나 넣었지."

현지는 큰일이라도 한 듯 어깨를 으쓱거리며 말했어요. 샐쭉한 표정으로 식탁에 앉은 재영이 눈에 라면 그릇이 보였어요. 꼬불거리는 라면 위에 정말 달걀노른자 두 개가 사이좋게 올라가 있었어요. 현지는 먹지도 않으면서 새엄마처럼 재영이 앞에 앉아서 바라보고 있었어요.

"오구오구, 내 동생. 라면 잘 먹네!"

현지가 평소처럼 장난기 가득한 말을 건넸어요. 시큰둥하게 무표정으로 있던 재영이는 현지의 말투에서 할머니 생각이 났어요.

현지가 일어서더니 물을 따라서 재영이에게 갖다 줬어요. 재영이는 물컵을 건네받으며 슬쩍 현지의 얼굴을 쳐다보았어요. 이제 보니 사랑이를 바라보던 할머니의 눈과 닮았네요.

재영이는 왠지 목이 메어 라면을 다 먹지 못했어요. 그래도 달걀은 두 개 다 먹었답니다. 재영이는 집 안을 찬찬히 둘

러보았어요. 새엄마가 돌아온 집은 다시 깨끗하게 정리되어 있었어요. 어두워져도 현지가 있어서 무섭지 않고 든든했어요. 시골에 두고 온 강아지들 생각이 났어요. 강아지들도 동호가 있으니 무섭지 않을 거란 생각이 들었어요.

'동호가 있어서 정말 다행이야.'

동호 생각을 하며 재영이는 현지를 다시 한번 쳐다보았어요.

가족 없이도 잘 지낼 수 있을까?

전 단 한순간도 가족 없이 혼자 산다는 생각을 해 본 적이 없어요. 당연히 잘 못 지낼 것 같아요.

할머니도 사랑이가 무지개다리를 건너서 너무 슬플 것 같아. 할머니는 사랑이를 가족이라고 생각했을 텐데 말이야.

사랑이 새끼들이 너무 불쌍해. 새끼들한테는 엄마가 필요한데, 너무 일찍 엄마가 사라져 버렸어.

강아지들은 그래도 재영이랑 동호가 돌봐 주니까 괜찮지 않을까?

엄마를 대신하기는 힘들지 않을까? 재영이도 새엄마가 오셨지만, 새엄마를 좋아하지는 않잖아.

사랑이 새끼들은 특히 어린 나이라 돌봄이 필요하니까 엄마가 필요할 것 같기는 하구나. 그럼 어른이 되면 가족이 필요 없을까?

음, 그래도 새엄마가 요리를 잘한다면? 게임을 엄청 오래 할 수 있게 해 준다면? 좋을 것 같은데!

가족은 언제 필요할까?

우리는 언제 가족의 도움을 필요로 할까? 아래의 <보기>를 살펴보고 모두 동그라미 쳐 보렴.

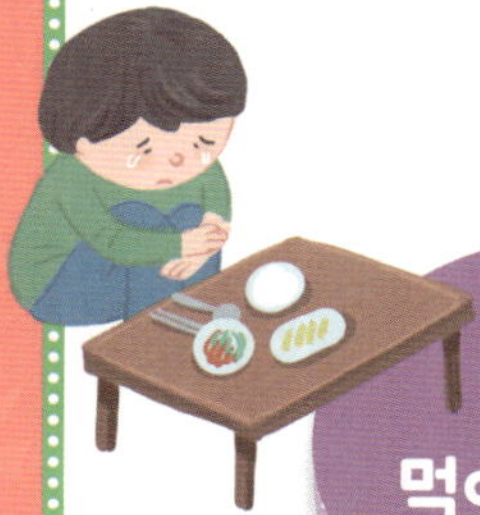

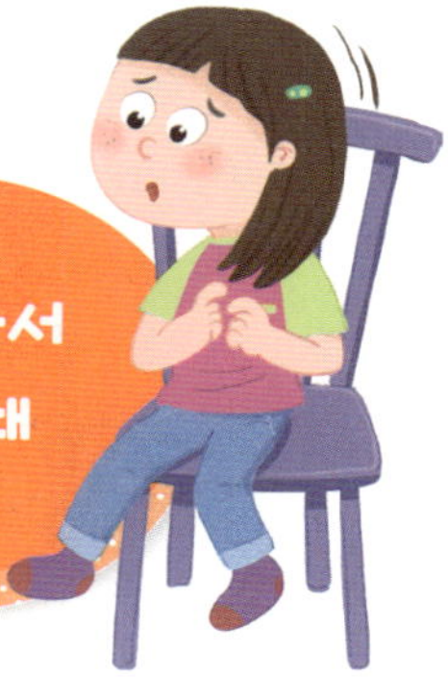

- 밥을 먹어야 할 때
- 학교나 학원에 가야 할 때
- 병이 나서 아플 때 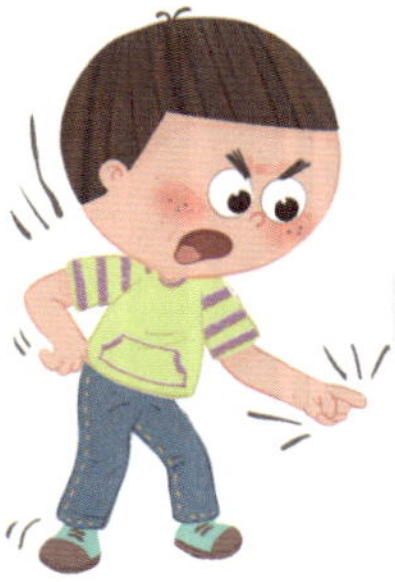 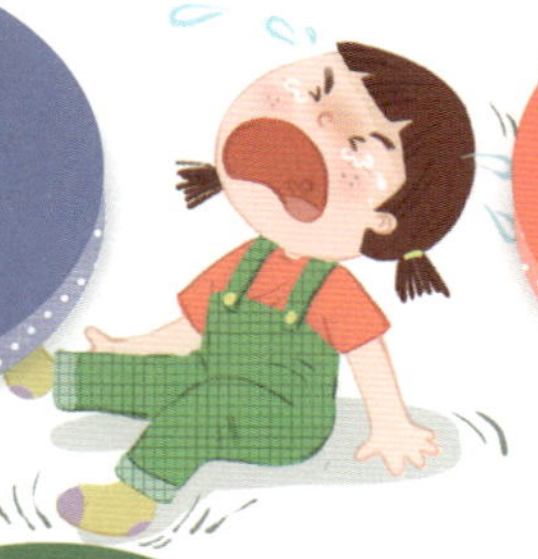
- 친구랑 싸웠을 때
- 집을 청소해야 할 때
- 밤에 잠을 자야 할 때
- 게임을 해야 할 때
- 책을 읽어야 할 때

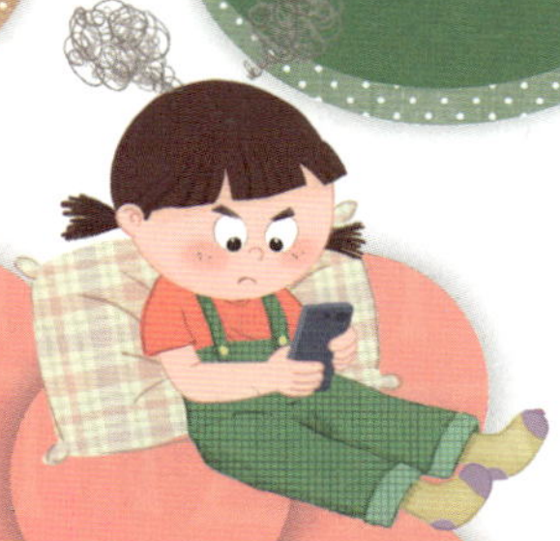

반대로 내가 가족에게 도움이 될 때는 언제일까?

- 가족이 밥을 먹어야 할 때
- 가족이 병이 나서 아플 때
- 가족이 친구를 만나러 갈 때
- 가족끼리 싸웠을 때
- 가족의 마음이 아플 때
- 가족이 집을 청소해야 할 때
- 가족의 생일이 되었을 때
- 가족이 물건을 찾지 못할 때

만약 어느 날 우리 가족이 사라져 버린다면 어떤 마음이 들 것 같니?

난 생각도 하기 싫어. 나만 혼자 남는 건 너무 외로운 일이야.

엄청 외로울 것 같기도 하고, 잔소리하는 부모님이 안 계셔서 처음엔 좋을 것 같기도 해요.

마음 열기

아빠랑 재영이가 할머니 병문안을 가는 날이었어요. 입을 꾹 다물고 있는 재영이에게 아빠는 자꾸 말을 시켰어요.

"할머니 집에 있는 동안 뭐가 제일 재미있었니?"

"강아지요."

"강아지랑 노는 게 재미있었구나. 음식은 뭐가 맛있었을까?"

"옥수수, 감자전."

재영이는 억지로 짧은 대답만 했어요.

"엄마도 옥수수랑 감자전 좋아했는데, 재영이도 똑같구나."

뜻밖에 아빠 입에서 나온 엄마 이야기에 재영이의 귀가 번쩍 뜨였어요.

"엄마도요?"

"응. 옥수수랑 감자 실컷 먹으려고 아빠랑 결혼한 거라고 늘 장난처럼 말하곤 했었지."

차 안 거울에 비친 아빠 얼굴에 미소가 가득했어요.

"아빠, 엄마 잊어버린 거 아니었어요?"

"재영이처럼 아빠도 엄마를 잊을 수 없단다. 하지만 엄마는 돌아올 수 없기 때문에 마음 깊은 곳에 간직하고 있는 거야."

아빠는 계속해서 이야기를 이어 갔어요.

"아빠가 어렸을 때, 할아버지가 안 계셔서 할머니가 돈 버느라 늘 바빴지. 아빠도 재영이처럼 형제가 없어서 외롭고 엄마가 늘 그리웠단다. 어느 날 감기로 너무 아파서 학교에서 일찍 돌아왔는데, 엄마가 없었어."

아빠는 이야기를 하는 중간에 울컥해졌는지 잠시 말을 멈추고 침을 삼켰어요.

"그래서요?"

재영이는 얼른 남은 이야기를 듣고 싶었어요.

"얼마나 울었는지 몰라. 그때 아빠는 결심했어. 나중에 내 아이는 절대 외롭게 하지 않겠다고. 그런데 살다 보니 아빠도 너무 바빠서 할머니처럼 되더라고."

"할머니처럼요?"

"응. 아빠도 재영이를 외롭게 만들고 있는 것 같아 슬펐어."

아빠의 이야기를 들은 재영이는 마음이 아팠어요.

"재영아, 엄마와 언니가 새로 생겨서 싫어?"

"아빠는 나보다 현지를 더 좋아하잖아요."

"현지는 새로운 가족이라서 더 많은 관심과 노력이 필요한 거야. 새엄마가 현지보다 재영이에게 더 잘해 주는 것처럼. 그래도 현지는 널 친동생처럼 생각하잖아."

"아빠가 어떻게 알아요?

그리고 내 애착 인형을 현지 목발에 끼워 주는 게 어디 있어요?"

재영이는 이때다 싶어 큰 소리로 툴툴거렸어요.

"그래. 그때 많이 서운했지? 미안해. 아빠가 그 생각을 못 했어. 인형이 너무 낡았다는 생각만 했지."

아빠가 처음으로 재영이에게 미안하다고 말했어요. 갑자기 아빠의 사과를 받은 재영이는 어떤 표정을 지어야 할지 난감했어요.

"아빠도 모든 게 처음이라 실수가 많았어. 재영이를 위해서 새 가정을 꾸린 건데, 가장 중요한 걸 잊었지 뭐야. 미리 재영이한테 충분히 설명을 하지 못했구나. 혼란스럽게 만들어서 미안해."

아빠는 몇 번이나 재영이에게 미안하다고 했어요. 횡단보도 앞에서 차를 멈춘 아빠는 재영이의 손을 잡았어요.

"재영아, 아빠는 예전과 변함없이 우리 재영이를 사랑해."

아빠의 말에 재영이는 눈물이 날 것 같았어요. 병원에 도착할 때까지 자꾸만 아빠의 말이 귀에 맴돌아 가슴이 뛰었어요.

병원 주차장에 주차를 한 아빠와 재영이는 승강기를 탔어요. 아빠는 5층을 눌렀어요. 재영이는 아빠의 손을 잡으며 방긋 웃어 보였어요. 아빠도 재영이를 보며 빙그레 웃었어요.

'딩동.'

승강기가 5층에서 멈추고 문이 열렸어요. 아빠가 재영이에게 말했어요.

"재영아, 아빠 화장실에 들렀다 갈 테니 512호에 먼저 들어가 있어. 여기 오른쪽으로 돌면 바로 보일 거야."

고개를 끄덕이자 아빠는 화장실 쪽으로 걸어갔어요. 아빠 말대로 복도 오른쪽으로 돌아서니 할머니 병실이 보였어요.

열린 문틈으로 새엄마가 보였어요. 맞은편 창가 침대에 누워 있는 할머니의 얼굴을 닦고 있었어요. 뭐가 그리 재미있는지 할머니

와 새엄마의 작은 웃음소리가 끊이지 않았어요.

　재영이는 새엄마의 얼굴을 가만히 바라보았어요. 동화에 나오는 새엄마와 전혀 다른 얼굴이었죠. 어떻게 저 얼굴이 마녀로 바뀔 거란 생각을 했는지 재영이 자신도 알 수가 없었어요.

　"안 들어가고 뭐 하니? 들어가자."

　언제 왔는지 아빠가 얼음처럼 서 있던 재영이의 어깨를 감싸며 병실로 발을 옮겼어요.

　"우리 왔어요."

　아빠의 말에 새엄마가 고개를 들었고 재영이와 눈이 딱 마주쳤어요.

　"재영이 왔어? 어서 와."

　새엄마는 양팔을 벌리고 재영이를 반

겼어요. 재영이는 얼른 할머니 옆으로 갔어요.

"내 강아지 왔구나. 언니는 같이 안 왔어?"

할머니가 재영이 손을 잡으며 물었어요.

"친구 생일 파티에 초대 받아서 다음에 오기로 했어요."

재영이의 대답이 끝나자 할머니가 웃으며 말했어요.

"현지가 성격이 좋긴 하구나. 전학 와서 그새 친구들을 사귀고

초대까지 받는 걸 보면."

"아유, 얼마나 덤벙대는데요. 재영이처럼 차분하면 좋으련만."

새엄마가 얼른 말했어요.

"그래도 긍정적인 성격이니 새 학교에서 적응을 잘해 나가는 거죠. 전학 와서 처음에 마음고생 많았어요."

아빠가 거드는 말에 재영이는 가슴 한가운데가 찡해졌어요. 보통 전학 온 친구들하고는 바로 친해지지 못하고 한동안 서먹서먹하거든요.

현지는 새로운 친구들과 친해지기까지 얼마나 상처받고 노력했을까요? 집에서 아빠와 재영이에게 하듯, 말도 많이 하고 늘 헤헤거리며 웃었을 게 뻔해요.

'바보같이!'

현지의 마음을 몰랐던 재영이는 속상하고 미안한 마음에 고개를 숙였어요. 할머니는 잠시 아빠와 새엄마, 재영이를 흐뭇하게 바라보았어요. 그리고 재영이의 손을 다시 잡으며 말했어요.

"다시 만들어진 가족이지만, 서로를 아끼고 사랑한다면 남부럽지 않은 진짜 가족이 되는 거란다. 우리 강아지한테 엄마, 아빠, 언니까지 있으니 할미가 걱정이 없다."

할머니의 말이 끝나자 새엄마도 재영이의 손을 잡았어요.

"현지 때문에 힘들지? 미안하고 고맙게 생각해. 현지는 귀여운 동생이 생겨서 너무 좋대. 전에 다니던 학교 친구들 뒤로하고 굳이 재영이 학교로 전학 온 것 좀 봐."

왠지 쑥스러워 눈을 마주치지 못하는 재영이를 새엄마가 꼭 안아 줬어요.

"떨어져 있는 동안 많이 보고 싶었어. 재영이에게 좋은 엄마가 되기 위해 더 노력할게."

따스한 새엄마의 품에서 좋은 향기가 나서 재영이는 얼굴을 더 묻었어요. 사랑이 품에 안겨 있던 강아지들이 저절로 떠올랐어요.

새엄마와 재영이를 바라보던 할머니는 이번엔 아빠의 손을 잡았어요. 아빠가 환하게 웃었어요. 역시 아빠는 새엄마가 있을 때 가장 많이 웃는다니까요.

할머니 병문안을 마치고 돌아온 재영이는 시골에 있는 동호에게 영상 전화를 걸었어요.

"강아지들은 잘 있니?"

재영이는 강아지 안부부터 먼저 물었어요.

"쳇, 나보다 새끼 강아지가 우선이구나?"

동호가 섭섭한 듯 입을 실룩거렸어요.

"뭘 당연한 걸 묻고 그래? 어서 강아지들 보여 줘."

재영이의 재촉에 동호가 강아지를 안아 보여 줬어요.

"와, 그새 많이 컸네!"

재영이의 말에 동호가 신이 나서 대답했어요.

"응. 눈도 떴어. 예쁘지?"

"진짜 귀엽다. 우리 아기들 잘 보살펴 줘."

"이제 '우리 아기'라는 말은 내가 할 소리 같은데? 얘들은 내가 엄마인 줄 알거든."

"뭐? 야, 그런 법이 어디 있어? 내가 분유 먹이느라 얼마나 고생했는데."

"지금 내가 키우고 있는 거 잊었니? 눈 떴을 때 보인 사람은 나라고."

킥킥거리던 동호가 웃음을 멈추고 말을 이었어요.

"아 참, 너 집으로 가던 날 택배가 와서 우리 엄마가 대신 받아 놨어."

"무슨 택배?"

재영이가 의아해하며 묻자 동호는 다시 방 안으로 들어갔다 나왔어요.

"보낸 사람 이름은 없고 회사 이름만 있어."

동호가 택배 상자 가까이 전화기 화면을 비췄어요.

"누가 보낸 거지? 뜯어 볼래?"

재영이는 너무 궁금했어요.

"와! 어스 인형이다!"

동호의 외침과 함께 재영이가 제일 좋아하는 게임 캐릭터 인형이 보였어요.

재영이 머릿속에 반짝하며 떠오르는 사람이 있었어요. 재영이가 멋쩍게 웃으며 동호에게 말했어요.

"야, 그거 우리 언니 선물이야. 잘 보관해 줘."

"뭐라고? 잘 안 들려. 네 언니가 선물이라고?"

동호의 엉뚱한 물음에 재영이가 웃음을 터뜨렸어요. 그리고 미소 가득한 얼굴로 말했어요.

"오, 박동호 귀 엄청 밝은데? 맞아. 우리 언니도 아빠가 준 선물이야."

알쏭달쏭한 말을 하며 재영이는 환하게 웃었어요.

오늘은 할머니가 퇴원한 날이에요. 아빠와 새엄마가 할머니를 모시고 집으로 들어왔어요.

"이게 무슨 맛있는 냄새야?"

아빠는 집 안으로 들어서자마자 코를 킁킁거리며 주방 쪽을 바라봤어요.

"오늘은 우리가 떡볶이 요리사! 짜잔."

재영이가 커다란 접시에 떡볶이를 담으며 말했어요.

"내가 달걀도 여섯 개나 넣었지요."

현지가 주걱을 흔들며 말하자 새엄마가 물었어요.

"왜 여섯 개지?"

"큭! 우리 집에 달걀을 두 개 먹는 사람이 있거든요."

현지가 키득거리며 말하자 재영이가 투정 부리듯 말했어요.

"억울해요. 그땐 언니가 두 개 넣은 성의를 봐서 어쩔 수 없이 다 먹은 건데."

"그래그래. 재영이 돼지 아니야. 할미가 알지."

할머니가 식탁에 앉으며 재영이 편을 들어줬어요. 재영이가 이번에는 아빠와 새엄마 쪽으로 고개를 돌렸어요.

"그럼 아빠랑 엄마는요?"

재영이는 애교 섞인 말투로 떡볶이를 포크에 찍어서 엄마 입에 넣어 줬어요. 얼떨결에 떡볶이를 먹게 된 엄마의 눈시울이 금세 붉어졌어요.

"엄마는 떡볶이가 매운가 봐."

아빠의 농담에 재영이와 엄마는 미소를 지으며 서로를 바라보았어요. 식탁에서는 오랫동안 웃음소리가 끊이지 않았답니다.

만일 나라면?

너희들 가족은 늘 사이가 좋니?

엄마랑 아빠가 직접 싸우시는 걸 본 적은 없지만, 엄마가 아빠한테 쌀쌀맞게 대할 때가 있어요.

우리 누나는 내가 뭘 건드리기만 하면, 나가라고 그래요. 내가 다 망가뜨린다나?

우리 아빠는 저한테는 매일 '사랑한다'라고 말하지만, 엄마한테는 매일 '사랑한다'고 하지는 않아요.

다른 가족과 의견 충돌이 생겼을 때, 어떻게 대화를 하는 것이 가장 적절할지 골라 보렴.

① 가족들끼리 의견 충돌이 생기면, 내 방에 들어가 말을 하지 않는다.

② 내가 왜 지금 기분 나쁜지에 대해 계속 이야기하면서 상대방의 사과를 요구한다.

③ 상대가 잘못한 이야기를 계속하고, 짜증을 내어 상대가 내가 화났음을 알아채게 한다.

④ 나의 생각을 자세히 설명하고, 상대의 생각은 어떤지 묻고 난 후 그 의견에 대해 다시 생각하고 대화를 이어 나간다.

⑤ 상대방이 사과를 해도 받아 주지 않고, 상대방이 말을 걸어도 무시하다가 내 마음이 풀리면 다시 대화를 한다.

화살표 방향 답: ④ 이어나간다.

마음 전하기

이야기 속 재영이에게 새로운 가족이 생겼습니다. 아빠와 결혼하게 된 새엄마와 새엄마의 딸 현지가 재영이의 새로운 가족이 되었지요. 그런데 재영이는 새로운 가족이 마음에 들지 않은 것 같습니다. 두 살이나 많은 언니를 언니라고 제대로 부르지 않고, 언니의 목발도 쓰레기장에 버립니다. 재영이는 아빠를 새엄마와 언니에게 빼앗긴 느낌이 들어 심술을 자꾸 부리게 되는데요.
만일 재영이가 나의 친구라면, 나는 재영이에게 어떤 말을 해 줄 것 같나요?

재영이에게

재영아 안녕. 나는 (   )이야. 잘 지내고 있니? 사랑이의 새끼들도 잘 지내고 있는지 너무 궁금하다. 너에게 언니랑 엄마가 생겼다는 이야기를 듣게 되었어. 너는 언니랑 새로 생긴 엄마가 아직은 불편한 것 같더라.

내가 만일 너라면 나는 어땠을까?

나는 (   ) 기분이 들 것 같아.

왜냐하면 (   ) 때문이야.

우리 가족은 (   )인데, 뭉치와 새롬이, 지혜네 가족의 모습이 다 다른 것처럼 가족도 다양한 모습이 있을 거라고 생각해. 그러니까 네가 새로운 가족들과

(   ) 좋겠어.

나중에 다시 네 이야기를 들려줘!

　　　　년　월　일　(   )가

200만 부 판매 돌파!

AI시대 미래 토론

✓ 뭉치북스가 만든 국내 최초 토론책! ✓ 초등 국어
✓ 한국디베이트협회와 교

- 01 함께 사는 로봇
- 02 원시인도 모르는 공룡
- 03 더 멀리 더 높이 더 빨리 스포츠 과학
- 04 까만 우주 속 작은 별
- 05 노벨도 깜짝 놀란 노벨상
- 06 지켜라! 멸종 위기의 동식물
- 07 도로시의 과학 수사대
- 08 살아 있는 백두산
- 09 콜록콜록! 오늘의 황사 뉴스
- 10 앗 이런 발명가, 와! 저런 발명품
- 11 아낄수록 밝아지는 에너지
- 12 과학 Cook! 문화 Cook! 음식의 세계
- 13 과학을 훔친 수상한 영화관
- 14 끝없이 진화하는 무서운 전염병
- 15 지구 온난화와 탄소배출권
- 16 먹을까? 말까? 먹거리 X파일
- 17 우리 몸을 흐르는 피와 혈액형
- 18 진짜? 가짜? 가상현실과 증강현실
- 19 두근두근 신비한 우리 몸속 탐험
- 20 우리를 위협하는 자연재해
- 21 봄? 가을? 경계가 모호해지는 사계절
- 22 세균과 바이러스 꼼짝 마! 약과 백신
- 23 생태계의 파괴자? 외래 동식물
- 24 콸콸콸~ STOP!!! 우리나라도 위험해요, 소중한 물
- 25 오늘도 나쁨! 작아서 더 무서운 미세먼지
- 26 식량 위기에서 인류를 구할 미래 식량
- 27 썩지 않는 플라스틱 지구와 인간을 병들게 하는 환경 호르몬
- 28 나와 똑같은 또 다른 나, 인간 복제
- 29 미래의 디지털 첨단 의료
- 30 땅속 보물을 찾아라! 지하자원과 희토류
- 31 농사일부터 우주 탐사까지, 미래는 드론 시대
- 32 알쏭달쏭 미지의 세계, 뇌
- 33 얼마나 작아질까? 어디까지 발달할까? 나노 기술과 첨단 세계
- 34 찾아라! 생명체가 살 수 있는 또 다른 별, 제2의 지구
- 35 배울수록 더 강해지는 인공 지능
- 36 창조론이냐? 진화론이냐? 다윈이 들려주는 진짜진짜 진화론
- 37 모두모두 소중한 생명! 멈춰요 동물 실험
- 38 유해할까? 유용할까? 생활 속 화학 물질
- 39 46억 년의 비밀, 생명을 살리는 지구
- 40 과학자가 가져야 할 덕목, 과학자 윤리와 책임

이제 토론이 공부다!

과학토론왕

과학토론왕 40권 + 독후활동지 40권

전 80종 / 정가 580,000원

이제 토론이 공부다!

사회토론왕

사회토론왕 40권 + 독후활동지 40권

전 80종 / 정가 580,000원

인재를 위한

과서

- 한우리 추천도서
- 경향신문 추천도서
- 경기도 초등토론 교육연구회 추천
- 경기도 지부 독서 골든벨 선정도서
- 환경정의 어린이 환경책 권장도서
- 한국 아동문학인협회 우수도서
- 학교도서관 사서협의회 추천도서

선정 도서!

활용 만점 독후 활동지 각 권 제공!

문가들이 강력 추천한 책!

01 우리 땅 독도
02 생활 속 24절기
03 세계를 담은 한글
04 정정당당 선거
05 우리의 유네스코 세계 유산
06 좋아? 나빠? 인터넷과 스마트폰
07 함께라서 좋아! 우리는 가족
08 한민족, 두 나라 여기는 한반도
09 너도 나도 똑같이 생명 존중
10 돈 나와라 뚝딱! 경제 이야기
11 시끌시끌 지구촌 민족 이야기
12 앗! 조심해! 나를 지키는 안전 교과서
13 바람 잘 날 없는 지구촌 국제 분쟁
14 믿음과 분쟁의 역사 세계의 종교
15 인공 지능으로 알아보는 미래 유망 직업
16 지역 이기주의 님비 현상
17 더불어 사는 다문화 사회
18 함께 사는 세상 소중한 인권
19 세계를 사로잡은 문화 콘텐츠 한류
20 변치 않는 친구 반려동물
21 왕따는 안 돼! 우리는 소중한 친구
22 여자? 남자? 같은 것과 다른 것! 성과 양성평등
23 모두가 행복한 착한 초콜릿, 아름다운 공정 무역
24 우리는 이웃사촌! 함께 사는 사회
25 틀린 게 아니라 다른 거라고? 글로벌 에티켓
26 신통방통 지혜가 담긴 우리의 세시 풍속과 전통 놀이
27 출발, 시간 여행! 유네스코 세계 문화유산
28 아이는 줄고! 노인은 늘고! 달라지는 인구
29 우리는 하나! 세계로! 미래로! 통일 한국
30 레벨업? 셧다운? 슬기로운 게임 생활, 벗어나요 게임 중독
31 살아 있어 행복해! 곁에 있어 고마워! 소중한 생명
32 나도 크리에이터! 시끌벅적 1인 미디어 세상
33 뚜다뚜아별의 법을 부활시켜라! 생활 속 법 이야기
34 하늘 · 땅 · 바다 어디서나 조심조심! 어린이를 위한 교통안전
35 함께 만들어요! 함께 누려요! 모두의 사회 복지
36 위아더월드, 도움의 손길이 필요해요, 세계 빈곤 아동
37 환경 덕후 오총사가 간다, 지켜라! 지구 환경
38 전쟁 NO! 평화 YES! 세계를 이끄는 힘, 국제기구
39 더 멀리, 더 빠르게! 미래 교통과 통신
40 알아서 척척, 똑똑한 미래 도시, 꿈의 스마트 시티

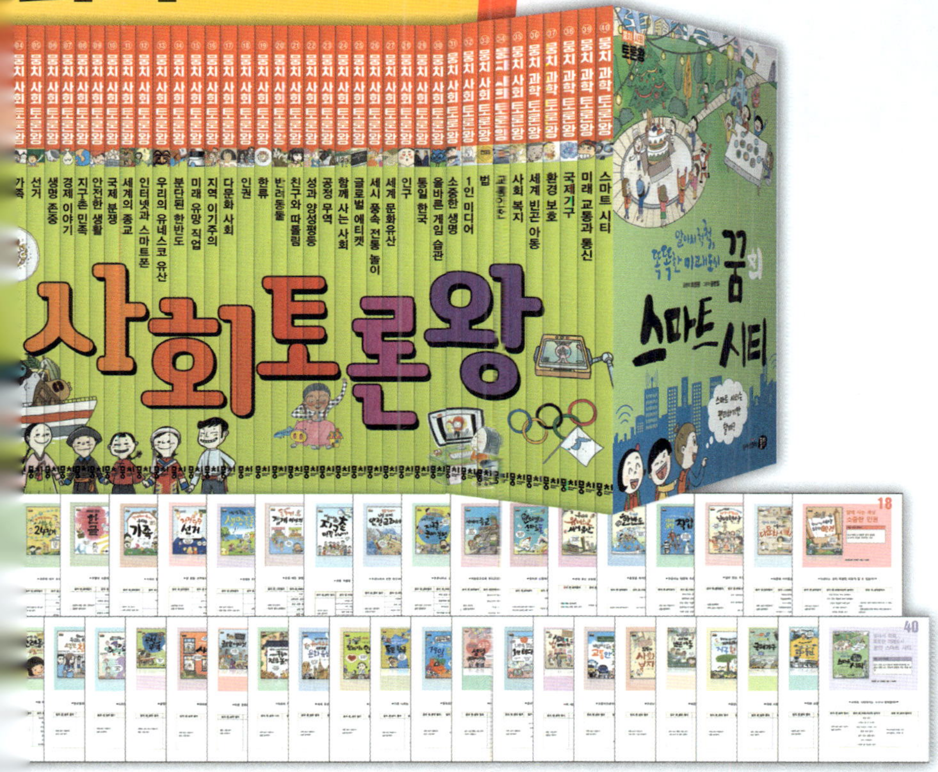

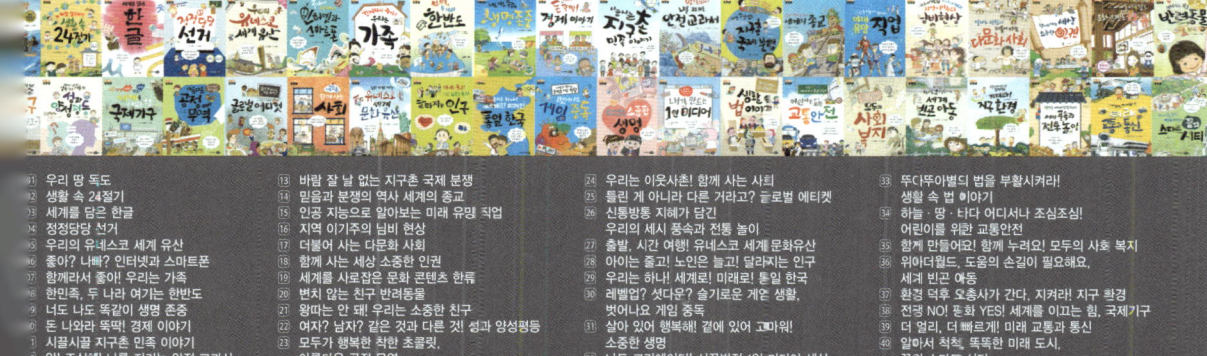

뭉치수학왕

수학이 쉬워지고, 명작보다 재미있는

100만 부 판매 돌파!

 +

"인공지능(AI) 시대의 힘은 수학에서 나온다!"

개념 수학

〈수와 연산〉
1 양치기 소년은 연산을 못한대
2 견우와 직녀가 분수 때문에 싸웠대
3 가우스, 동화 나라의 사라진 0을 찾아라
4 가우스는 소수 대결로 마녀들을 물리쳤어
5 앨런, 분수와 소수로 악당 허들러를 쫓아내라
6 약수와 배수로 유령 선장을 이긴 15소년

〈도형〉
7 헨젤과 그레텔은 도형이 너무 어려워
8 오일러와 피노키오는 도형 춤 대회 1등을 했어
9 오일러, 오즈의 입체도형 마법사를 찾아라
10 유클리드, 플라톤의 진리를 찾아 도형 왕국을 구하라
11 입체도형으로 수학왕이 된 앨리스

〈측정〉
12 쉿! 신데렐라는 시계를 못 본대

13 알쏭달쏭 알라딘은 단위가 헷갈려
14 아르키는 어림하기로 걸리버 아저씨를 구했어
15 원주율로 떠나는 오디세우스의 수학 모험

〈규칙성〉
16 떡장수 할머니와 호랑이는 구구단을 몰라
17 페르마, 수리수리 규칙을 찾아라
18 피보나치, 수를 배열해 비밀의 방을 탈출하라
19 비례배분으로 보물섬을 발견한 해적 실버

〈자료와 가능성〉
20 아기 염소는 경우의 수로 늑대를 이겼어
21 파스칼은 통계 정리로 나쁜 왕을 혼내 줬어
22 로미오와 줄리엣이 첫눈에 반할 확률은?

〈문장제〉
23 개념 수학—백점 맞는 수학 문장제①
24 개념 수학—백점 맞는 수학 문장제②
25 개념 수학—백점 맞는 수학 문장제③

융합 수학
26 쌍둥이 건물 속 대칭축을 찾아라(건축)
27 열차와 배에서 배수와 약수를 찾아라(교통)
28 스포츠 속 황금 각도를 찾아라(스포츠)
29 옷과 음식에도 단위의 비밀이 있다고?(음식과 패션)
30 꽃잎의 개수에 담긴 수열의 비밀(자연)

창의 사고 수학
31 퍼즐탐정 셜록홈즈①—외계인 스콜피오스의 음모
32 퍼즐탐정 셜록홈즈②—315일간의 우주여행
33 퍼즐탐정 셜록홈즈③—뒤죽박죽 백설 공주 구출 작전
34 퍼즐탐정 셜록홈즈④—'지지리 마란드라' 방학 숙제 대작전
35 퍼즐탐정 셜록홈즈⑤—수학자 '더하길 모델'와 한판 승부
36 퍼즐탐정 셜록홈즈⑥—설국언차 기관사 '어려도 달리능기라'
37 퍼즐탐정 셜록홈즈⑦—해설 및 정답

수학 개념 사전
38 수학 개념 사전①—수와 연산
39 수학 개념 사전②—도형
40 수학 개념 사전③—측정·규칙성·자료와 가능성

독후 활동지

본책 40권+독후 활동지 7권
정가 580,000원